MARTIN BASTKOWSKI
LARA-MARIA SCHILLER

SEKUNDARSTUFE I

¡Hablemos!
Freies dialogisches Sprechen
Spanisch
Klasse 6–8

Cornelsen

Zu den Autoren:

Martin Bastkowski ist Englischlehrer und Fachbereichsleiter für Fremdsprachen an einer niedersächsischen Kooperativen Gesamtschule. Zudem arbeitet er als Lehrbeauftragter in der Fachdidaktik Englisch und universitären Lehramtsausbildung am Institut für englische Sprache und Literatur an der Universität Hildesheim.
Darüber hinaus ist er bundesweit als Fortbildungsreferent im Bereich Fachdidaktik Englisch unterwegs und bei verschiedenen Lehrwerken, Unterrichtsmaterialien und Fachzeitschriften als Fach- und Lehrwerksautor, Lehrwerksberater sowie Mitherausgeber tätig.
Seine Arbeitsschwerpunkte sind Methodenvielfalt im Englischunterricht, bewegtes Lernen, kommunikativer Medieneinsatz, Efficient Teaching, Lernstrategien sowie Feedbackkultur im Englischunterricht.

Lara-Maria Schiller wuchs zweisprachig auf und studierte an der Georg-August-Universität Spanisch und Sport auf Lehramt. Zwei Auslandssemester verbrachte sie an der UGR Granada. Nach ihrem Studium war sie zwei Jahre als Dozentin für Deutsch als Fremdsprache an der Uni Göttingen tätig. Seit 2015 arbeitet sie an der KGS Pattensen und ist dort seit ca. 2 Jahren Fachobfrau für Spanisch.

Projektleitung und Redaktion: Irena Reinhardt / Chelsea Ledvinka, Berlin
Umschlagkonzept / -gestaltung: Corinna Babylon, Berlin
Umschlagfotos: © Shutterstock / Gabrielle Ewart, Shutterstock / whiteisthecolor, Shutterstock / pockygallery
Layout/technische Umsetzung: fotosatz griesheim GmbH
Illustrationen: Dorina Tessmann, Berlin

www.cornelsen.de

1. Auflage 2020

Druck: H. Heenemann, Berlin

ISBN 978-3-589-16671-8

PEFC zertifiziert
Dieses Produkt stammt aus nachhaltig bewirtschafteten Wäldern und kontrollierten Quellen.
www.pefc.de

PEFC/04-31-1156

Inhaltsverzeichnis

Einführung

Titelseite des Schülerheftes

ZIEL

Anhand von dreizehn kommunikativen, relevanten und schülernahen Aktivitäten sowie einem großen Angebot an sprachlichem *Scaffolding* verbessern die Schüler[1] selbstständig ihre Sprechkompetenz in Form eines dialogischen Austausches.

Das *¡Hablemos!* Heft für die Klassen 6–8 bietet eine große Palette an Aufgaben- formaten und Themenstellungen. Ganz bewusst wiederholen sich hierbei verschiedene thematische Bausteine in unterschiedlichen Szenarien, damit das Erlernte immer wieder neu angewendet werden kann.

Folgende Aktivitäten sind in diesem *¡Hablemos!* Heft enthalten:

¡Hablemos!, de clase 6 a 8

1.	Sobre mí
2.	El tiempo
3.	¿Quién soy?
4.	Vamos de compras
5.	Mi día
6.	La estrella de los cinco sentidos
7.	¡Nombra!
8.	Describir habitaciones
9.	¿Qué ropa llevas?
10.	Mi asignatura favorita
11.	Fichas de preguntas
12.	Mi familia
13.	Direcciones

---

1 Zur besseren Lesbarkeit wird die männliche Form benutzt, es sind jedoch stets alle Geschlechter gemeint.

GRUNDKONZEPT

Alle Aktivitäten im Heft umfassen jeweils eine Lehrer- und eine Schülerversion. Auf der Lehrerseite wird jede Aktivität (Sprechaktion) durch zusätzliche konkrete Erläuterungen, Tipps und Variationen erklärt. Die Schülerseiten beinhalten jeweils konkrete Aufgabenstellungen sowie inhaltliche / sprachliche Hilfestellungen, so dass die Schüler die Sprechanlässe selbstständig umsetzen können.

Damit die Schüler ein handliches *¡Hablemos!* Heft bekommen, kopiert die Lehrkraft jeweils zwei Schülerseiten auf ein Blatt im A4 Format und teilt diese aus. Die Seiten werden dann von den Schülern in der Hälfte durchgeschnitten, gestapelt, am Rand getackert und so inkl. Titelblatt (s. nächste Seite) zu einem kleinen Booklet im A5 Format zusammengefügt. Alle Kopiervorlagen können sofort, ohne weitere Verwendung von zusätzlichen Materialien / Medien eingesetzt werden.

EINSATZ

Der Einsatz des *¡Hablemos!* Heftes eignet sich insbesondere zu Beginn der Unterrichtsstunde, um eine gezielte Einsprachigkeit zu initiieren und die Lerngruppe für die Fremdsprache zu motivieren und warm werden zu lassen. Um Einseitigkeit zu vermeiden, sollte die Verwendung nicht in jeder Stunde stattfinden. Zusätzlich kann das Heft als kleiner Energizer zwischendurch eingesetzt werden oder wenn mal am Ende der Stunde noch etwas Zeit übrig ist.

POTENZIALE

Die Verwendung des *¡Hablemos!* Heftes bietet viele Potenziale für den Spanisch- unterricht, u. a.:

- parallele Einbeziehung aller Schüler der Lerngruppe in den Lernprozess
- Aufbau der Sprechkompetenz sowie des Hörverstehens
- selbstständige und lehrerunabhängige Durchführung der Übungen
- Lehrkräfte gewinnen die Möglichkeit der gezielten Beobachtung ihrer Schüler
- kommunikative Anwendung des Wortschatzes und verschiedener grammatischer Phänomene durch lenkende Vorgaben
- die Inhalte der Übungen bereiten auf Sprechprüfungen vor
- Schüler werden motiviert, sich in der Fremdsprache kommunikativ anhand schülernaher Themen auszutauschen
- Einbeziehung lernschwächerer Schüler durch ein hohes Hilfsangebot

Este ¡Hablemos!

cuaderno es de:

_____

ACTIVIDADES DE MI ¡Hablemos! CUADERNO

¡Hablemos!, de clase 6 a 8		
	1.	Sobre mí
	2.	El tiempo
	3.	¿Quién soy?
	4.	Vamos de compras
	5.	Mi día
	6.	La estrella de los cinco sentidos
	7.	¡Nombra!
	8.	Describir habitaciones
	9.	¿Qué ropa llevas?
	10.	Mi asignatura favorita
	11.	Fichas de preguntas
	12.	Mi familia
	13.	Direcciones

Martin Bastkowski / Lara-Maria Schiller · ¡Hablemos! Kl. 6 –8 · Illustration: Dorina Tessmann

Sobre mí – para profesores

ERLÄUTERUNG

Bei der Aktivität *Sobre mí* präsentieren die Schüler einem Partner persönliche Informationen über sich selbst. Sie stellen sich dabei anhand von Themen vor, die im Spanischunterricht häufig Anwendung finden.

Als sprachliches Gerüst *(Scaffolding)* erhalten die Schüler verschiedene Boxen mit vorgegebenen Strukturen, die für die Präsentation verwendet werden können. Es muss nicht jede Box benutzt werden.

TIPPS

- Versprachlichen Sie bei der ersten Durchführung dieser Aktivität die Inhalte der Boxen selbst. Sie können auch einen leistungsstarken Schüler einbinden.
- Als Wertschätzung und zur Sicherung sollten mindestens zwei Präsentationen im Plenum vorgetragen werden.

VARIATION

- Leistungsstärkere bzw. schnellere Schüler können Informationen zu den Themen der letzten Box (*programa de televisión favorito*, etc.) bzw. auch zu weiteren selbst gewählten Themen geben.

TAREA

(1) Presentale a tu compañero algo de tu perfil personal.

(2) Usa las estructuras siguientes para ayudarte. No tienes que usar todas.

(3) Ejercicio extra: Habla con tu compañero sobre los temas de la última casilla.

MATERIAL/AYUDA

NOMBRE
Hola, me llamo …

DIRECCIÓN
Nací en …
Vivo en … (lugar)
Mi dirección es …

FAMILIA
Mi madre se llama … y mi padre se llama …
Tengo … hermanos/as.

MEJORES AMIGOS
Mi mejor amigo/a es …
El/ella tiene … años.

MASCOTAS
Tengo un/una … en casa.
Se llama …

MI CASA
Vivo en … (casa, piso)

EDAD
Tengo … años
Mi cumpleaños es en … (mes)

NÙMEROS
Mi número de teléfono móvil es el …
Mi número de teléfono fijo es el …

ACTIVIDADES DE TIEMPO LIBRE
Mi actividad de tiempro libre preferida es …
Mi afición favorita es …

BONUS
SERIE FAVORITA
COMIDA FAVORITA
DEPORTE QUE ME GUSTA

Martin Bastkowski / Lara-Maria Schiller · ¡Hablemos! Kl. 6 – 8 · Illustration: Dorina Tessmann

ERLÄUTERUNG

Bei der Aktivität *El informe del tiempo* präsentieren sich die Schüler in Partnerarbeit gegenseitig den Wetterbericht des Tages. Dabei verwenden sie eine Bandbreite an einschlägigem Wortschatz rund um das Wetter und benennen zusätzlich das Datum.

Als sprachliches und inhaltliches Gerüst (*Scaffolding*) erhalten die Schüler eine vorgegebene Struktur, die sie für die Präsentation verwenden können. Beide Partner präsentieren sich gegenseitig ihren Wetterbericht.

TIPPS

- Vor der ersten eigenständigen Durchführung ist es hilfreich, die Aktivität vor der Klasse selbst als Lehrkraft mit Hilfe des Gerüstes vorzustellen.
- Als Wertschätzung und zur Sicherung sollten mindestens zwei Präsentationen des Wetterberichtes im Plenum vorgetragen werden.
- Bei zukünftiger Anwendung dieser Aktivität können auch weitere typische sprachliche Mittel zur Beschreibung des Wetters gemeinsam ergänzt werden, z. B. *nebuloso, cae granizo, qué tiempo más malo*, etc.
- Als Hinführung zur Aktivität kann folgender Impuls gegeben werden: *¿Qué vas a hacer si hace sol / llueve mañana?*

VARIATION

- Neben dem Wetterbericht können insbesondere leistungsstärkere bzw. schnellere Schüler auch eine Wettervorhersage für den weiteren Verlauf des Tages (*pronóstico del tiempo*) vorstellen und das dazu dargestellte sprachliche Gerüst verwenden (Extra).

TAREA

(1) Presenta un informe del tiempo a tu compañero/a.
(2) Usa las estructuras siguientes para ayudarte.
(3) Cuando hayas terminado, te tiene que presentar tu compañero/a su informe del tiempo.
(4) Ejercicio extra: Presenta un pronóstico del tiempo.

MATERIAL/AYUDA

informe del tiempo

> Bienvenidos al informe del tiempo de hoy.
>
> ▼
>
> Mi nombre es _____ y os voy a presentar el tiempo de hoy _____ el _____ de _____.
> *(lunes / martes /*   *(primero / ocho / veinte/ …)*   *(enero / febrero/ …).*
>
> ▼
>
> ¡Qué día más _____ !
> *(bonito / horrible / malo, …)*
>
> ▼
>
> Hace sol / Está lloviendo / Está nevando /
> Está nublado y hace _____.
> *(calor / frío).*
>
> ▼
>
> ¿Qué temperatura hace?
> Hace _____ grados. / Se esperan cerca de _____ grados.
>
> ▼
>
> Gracias por escuchar y os deseo un buen día.

EXTRA

Pronóstico del tiejmpo

> ¿Cuál es el pronóstico del tiempo?
>
> ▼
>
> Esta noche hará _____.
> *(calor / frío / tormenta / …)*
>
> ▼
>
> Parece un día _____.
> *(normal / muy caluroso / lluvioso / …)*
>
> ▼
>
> Esperamos _____.
> *(lluvia / viento / tormenta / …).*

Martin Bastkowski / Lara-Maria Schiller · ¡Hablemos! Kl. 6 – 8 · Illustration: Dorina Tessmann

ERLÄUTERUNG

¿Quién soy? gehört zu den Spielklassikern im Fremdsprachenunterricht. Neben der spielerischen Komponente lernen die Schüler vor allem die Fragebildung. Zielsetzung ist es, die selbst gewählte berühmte Persönlichkeit des Partners durch Ja-/Nein-Fragen herauszufinden.

Die Schüler erhalten hierfür eine exemplarische Auswahl an typischen Fragen. Beide Partner erraten einmal eine Persönlichkeit und denken sich eine eigene aus.

TIPPS

- Führen Sie die Aktivität zunächst im Plenum vor: Wählen Sie selber eine bekannte Persönlichkeit und lassen Sie die Lerngruppe diese unter Anwendung der beigefügten Fragen erraten.
- Im Sinne des *discurso de clase* ist es zielführend, einige erratene Persönlichkeiten im Plenum nennen zu lassen und anschließend typische Eigenschaften dieser gemeinsam zu versprachlichen (z. B. bekannte Filme/Lieder, körperliche Eigenschaften, gewonnene Preise, typische Markenzeichen, etc.).

VARIATION

- Alternativ zu einer bekannten Persönlichkeit können auch Gegenstände (z. B. *pizarra, ordenador*) oder Personen aus der Schule (*profesor, alumno, conserje*) erraten werden.
- Sie können die Schüler auch Persönlichkeiten zu einem bestimmten Thema, das Sie gerade behandeln (z. B. Charaktere aus der aktuellen *Unidad* im Schulbuch), wählen lassen.

TAREA

(1) Piensa en una persona famosa (deportista, actor, actriz, héroe de cómic, …)

(2) Averigua en qué persona está pensando tu compañero/a. Hazle preguntas para descubrir qué persona es. Tu compañero sólo debe responder Sí o No.

(3) Las preguntas siguientes te ayudarán.

MATERIAL/AYUDA . . . .

¿Es mujer o hombre?

¿Es la persona mayor/menor que _____?

¿Hace la persona deporte?

¿Tiene la persona súper poderes?

¿Es la persona un/a cantante famoso/a?

¿Se puede ver la persona en la tele?

¿Es la persona de Alemania?

¿Tiene la persona el pelo corto / largo / rizado/ liso / rubio / moreno?

¿Está la persona aún viva?

Ayuda: Lo siento. No lo sé. Por favor, pregúntame otra cosa.

Ayuda: Por favor, dame una pista.

Martin Bastkowski / Lara-Maria Schiller · ¡Hablemos! Kl. 6 –8 · Illustration: Dorina Tessmann

ERLÄUTERUNG

Bei der folgenden Aktivität führen die Schüler in Partnerarbeit einen Dialog über eine Einkaufssituation durch. Dabei übernimmt jeweils ein Partner die Rolle als Kunde und der andere Partner die des Verkäufers.

Bei der zielgerichteten Kommunikation wenden die Schüler durch die sprachlichen Vorgaben einschlägige Redemittel im Bereich des Einkaufens an.

TIPPS

- Wählen Sie einen leistungsstarken Schüler, um den Dialog gemeinsam ein erstes Mal im Plenum zu versprachlichen.
- Für eine höhere Sprachproduktion sollten beide Partner beide Rollen (Kunde und Verkäufer) einmal übernommen haben.
- Lassen Sie nach Beendigung der Aktivität einen Dialog im Plenum vortragen.

VARIATION

- Bei mehrfacher Durchführung dieser Aktivität kann der Dialog durch negative Antwortmöglichkeiten ergänzt werden. Schreiben Sie dazu einmalig folgende Redemittel an die Tafel, die von den Schülern ins ¡Hablemos! Heft übernommen und angewendet werden können.
    - *No me gusta mucho.*
    - *Prefiero el otro / El otro me gusta más.*
    - *Me parece muy caro.*
    - *El color no me queda bien.*
    - *Me queda ancho / estrecho.*

Vamos de compras – para alumnos

TAREA

(1) Haz un diálogo con tu compañero. A es el/la cliente y quiere comprar dos prendas de ropa. B es el/la vendedor/a que intenta ayudarle a A.

(2) Usa las siguientes frases para tu diálogo.

(3) Cambiad de rol.

MATERIAL/AYUDA

cliente	vendedor/a
	¡Hola! ¿Cómo puedo ayudarle? ¿En qué puedo ayudarle?
¡Hola! Muchas gracias. Estoy buscando un/a _____ (camiseta, vestido, chaqueta,…) nuevo/a.	Los/Las _____ (camisetas, …) están allí. ¿Qué talla tiene usted?
Tengo la talla pequeña/ mediana/ grande.	¿Qué le parece este/esta?/esta? ¿Le gusta el color?
Qué _____ (camiseta, …) más bonito/a. El color me gusta mucho. ¿Lo tiene en otra talla?	Claro que si. Aquí tiene. Los probadores están allí.
Me gusta mucho. ¿Cree usted que queda bien con estos/as _____ (zapatillas, pantalones, vaqueros, cinturón, …)?	¡Si! Le queda muy bien.
¿Cuánto cuesta todo?	Todo cuesta _____ (euros).
Oh, es muy caro. Voy a comprar sólo dos cosas.	Vale. Pague en la caja, por favor.
Muchas gracias por su ayuda.	De nada. Adiós.

el sombrero	la gorra	las gafas	el cinturón	el reloj	el bolso	la mochila
la camiseta	la camisa de manga larga	la sudadera	el vestido	la blusa	el jersey	el blazer
la falda	el pantalón	el zapato	la zapatilla de deporte	la bota	el abrigo	la chaqueta

© shutterstock / derter

Martin Bastkowski/ Lara-Maria Schiller · ¡Hablemos! Kl. 6 – 8 · Illustration: Dorina Tessmann

Cornelsen

ERLÄUTERUNG

Mi día umfasst eine Sprechaktivität, bei der sich die Schüler in Partnerarbeit gegenseitig über verschiedene Erlebnisse von einem Tag ihrer Woche berichten.

Dazu verwenden sie die vorgegebenen Uhrzeiten und Tage in der Tabelle sowie die vorgestellten sprachlichen Mittel in den Sprechblasen.
Als zusätzliche Hilfe kann eine *Casilla de palabras* mit einer großen Auswahl an Tagesaktivitäten verwendet werden.

TIPPS

- Schreiben Sie vor Beginn der Aktivität exemplarisch drei Uhrzeiten an die Tafel. Geben Sie anschließend jeweils ein Beispiel, was Sie zu dieser Uhrzeit normalerweise tun. Wenn nötig, sollte noch einmal kurz der Unterschied zwischen *por la mañana*, *por la tarde* und *por la noche* wiederholt werden.
- Nach dem Partnerdialog stellen einige Schüler die Ergebnisse im Plenum vor. Dabei wiederholen sie nicht die eigenen Tagesabläufe, sondern die des Partners: *Los lunes Carlotta se levanta a las siete*, etc.

VARIATION

- Die Schüler wählen selbstständig weitere Uhrzeiten für die einzelnen Tage aus (s. Fragezeichen in der Tabelle).
- Leistungsstärkere sowie schnellere Schüler stellen zusätzlich gezielte Fragen zu einzelnen Aktivitäten. Schreiben Sie dazu als sprachliche Unterstützung *¿Cuándo te levantas normalmente?* / *¿A qué hora cenas usualmente?* / … an die Tafel.

TAREA

(1) Averigua lo que hace tu compañero/a en los días diferentes y a las horas diferentes.

(2) Pregunta a tu compañero/a por lo menos cinco preguntas con diferentes días y horas. Después cambiad.

(3) Escucha bien lo que dice tu compañero/a. Después debes presentar sus respuestas.

MATERIAL/AYUDA ···

Preguntas:

> ¿Qué haces normalmente/ a veces los _____ (día) a las _____ (hora)?

lunes	martes	miércoles	jueves	viernes	fin de semana
6:30 h	9:30 h	12:00 h	7:10 h	5:00 h	10.00 h
14:00 h	18:50 h	17:00 h	19:10 h	22:50 h	2:00 h

de la mañana	**ca. von 1:00 bis 12:00**
de la tarde	ca. von 12:30 bis 21:00
de la noche	ca. von 21:30 bis 00:30
• Die Übergänge sind fließend!	

Respuestas:

> Los _____ (día) _____ a la/s _____ (hora) normalmente/ a veces _____ (actividad).

Vocabulario – Actividades:

jugar al fútbol, hacer los deberes, ayudar a mis padres, jugar videojuegos, ver la tele, tener clase, levantarse, leer un libro, ir al instituto, limpiarse los dientes, acostarse, nadar, tocar un instrumento, montar a caballo, quedar con amigos, ir al cine, comer algo, desayunar, cenar, dormir, …

Martin Bastkowski / Lara-Maria Schiller · ¡Hablemos! Kl. 6 –8 · Illustration: Dorina Tessmann

ERLÄUTERUNG

Die Aktivität *La estrella de los cinco sentidos* setzt den Fokus auf die exakte Beschreibung einzelner Orte. Diese erfolgt systematisch anhand der fünf menschlichen Sinne. Dabei wählen die Schüler einen Ort aus und beschreiben diesen in mindestens zehn Sätzen, wobei pro Sinn (z. B. Hören) zwei Sätze gebildet werden müssen. Eine sprachliche Herausforderung wird durch die Vorgabe gegeben, in jedem Satz ein Adjektiv und ein Nomen zu integrieren.

Die Schüler erhalten als sprachliche Unterstützung neben dem *La estrella de los cinco sentidos* zusätzlich eine Liste an Adjektiven sowie eine Auswahl an Orten, die sie zur Beschreibung verwenden können.

TIPPS

- Erklären Sie, je nach Niveau der Lerngruppe, vor Beginn der Aktivität noch einmal den Unterschied zwischen Adjektiven und Nomen sowie die fünf Sinne.
- Geben Sie exemplarisch ein Beispiel, vorzugsweise direkt am eigenen Klassenraum.
- Mindestens ein situatives Beispiel sollte im Plenum vorgestellt werden.

VARIATION

- Variieren Sie die Vorgaben für die einzelnen Sätze, insbesondere für leistungsstärkere Schüler, z. B.
  - *por lo menos dos adjetivos y dos sustantivos en cada frase*
  - *por lo menos tres o cuatro frases de cada sentido*
  - *una cosa que nunca sentirías/ oirías/ olerías o verías en este lugar o un sabor que nunca esperarías en este lugar*

TAREA

(1) Elige un lugar.

(2) Descríbele tu lugar a tu compañero. ¿Qué se puede ver, sentir, saber, oír y oler en ese lugar? La estrella te ayuda.

- Di dos frases de cada sentido.
- Usa por lo menos un adjetivo y un sustantivo en cada frase

Ejemplo: *En mi clase **veo** a 28 alumnos amables. También **veo** una pizarra grande.*
  (sustantivo) (adjetivo)   (sustantivo) (adjetivo)

MATERIAL/AYUDA ·

> **LUGARES**
> en el aula, en la playa, en el patio de recreo, en Disneyland, en MC Donald´s, en mi habitación, en mi coche, en un restaurante chino, en un autobús, en la piscina, en un jardín, en un centro de acogida para animales, en un supermercado, …

La estrella de los cinco sentidos

oír
ver
oler
saber
sentir

Lista de adjetivos:
- alucinante
- impresionante
- hermoso/a
- grande
- aburrido
- barato
- guay
- peligroso/a
- sucio/a
- rápido/a
- amable
- gigante
- feliz
- largo/a
- viejo/a
- triste
- simple
- picante
- dulce
- ácido/a
- feo/a

Martin Bastkowski / Lara-Maria Schiller · ¡Hablemos! Kl. 6–8 · Illustration: Dorina Tessmann

ERLÄUTERUNG

Bei der Aktivität *¡Nombra!* benennen die Schüler in Partnerarbeit so viele Begriffe wie möglich zu einer vorgegebenen Kategorie. Der Partner entscheidet dabei jeweils, zu welcher Kategorie und in welcher Anzahl Begriffe genannt werden müssen. Anschließend wird gewechselt.

Die Schüler erhalten zur Hilfe bereits eine Auswahl an Kategorien. Es können jedoch auch eigene Kategorien verwendet werden.

TIPP

- Führen Sie die Aktivität exemplarisch einmal im Plenum durch. Lassen Sie sich dazu bspw. von Ihren Schülern eine Kategorie vorgeben.

VARIATION

- Anstelle einer zu benennenden Anzahl an Begriffen kann auch ein Zeitlimit vorgegeben werden, z. B. Nombra todas las cosas que puedas que se encuentren en tu estuche. Tienes 30 segundos.
- Die Aktivität kann durch eine spielerische Komponente variiert werden. Dabei wählen beide Partner jeweils eine Kategorie aus und benennen nacheinander einen passenden Begriff. Diejenige Person, die als erstes keinen Begriff mehr nennen kann, verliert diese Runde.
- *El minuto perfecto:* Alternativ kann die gesamte Aktivität im Plenum durchgeführt werden. Dabei wird die Klasse in kleinere Gruppen eingeteilt, die jeweils innerhalb einer Minute so viele Begriffe zu einer Kategorie nennen müssen, wie möglich.
  Die nächste Gruppe erhält dann eine neue Kategorie. Die jeweilige Anzahl an genannten Begriffen wird gezählt; Sieger ist die Gruppe mit den meisten genannten Begriffen.

¡Nombra! – para alumnos

TAREA

(1) Elige una categoría.

(2) Ahora tu compañero debe nombrar algo (personas, cosas, animales, lugares, …) que tiene que ver algo con la categoría elegida. Tú decides cuántas cosas tienen que ser nombradas.

MATERIAL/AYUDA

> Elijo categoría _____ .
> Nombra ____ *(número)*
> cosas, por favor.

> Ahora te toca. Elijo categoría _____ . Nombra
> ____ *(número)* cosas, por favor.

Categorías:

cosas en tu estuche	días de la semana/ meses del año	personas en el instituto
lugares de vacaciones	videojuegos que te gustan	cosas en la cocina
miembros de la familia	animales diferentes	actividades de tiempo libre
alimentos para desayunar	asignaturas en el instituto	?

Martin Bastkowski / Lara-Maria Schiller: ¡Hablemos! Kl. 6–8 · Illustration: Dorina Tessmann

Describir cuartos – para profesores

ERLÄUTERUNG

Bei der Aktivität *describir habitaciones* beschreiben die Schüler einem Partner unter Zuhilfenahme der sprachlichen Vorgaben einer Raum ihrer Wahl.

Die dabei verwendeten Redemittel sind insbesondere für die Sprechprüfungen förderlich, die in vielen Bundesländern umgesetzt werden müssen. Jeder Schüler muss den gewählten Raum in mindestens acht Sätzen beschreiben.

TIPPS

- Vor Beginn der ersten Durchführung ist eine Versprachlichung seitens der Lehrkraft empfehlenswert, z. B. zum eigenen Arbeitszimmer.
- Nach der Partnerarbeitsphase sollte zur Sicherung mindestens ein Schüler seine Beschreibung im Plenum vortragen.

VARIATION

- Innerhalb einer kreativen Variation können die Schüler ihrem Partner auch ihren Wunsch- bzw. Traumraum/-ort beschreiben. Dieser könnte z. B. in einem Freizeitpark oder in einem Kino sein.
- Bei einer zusätzlichen spielerischen Komponente beschreibt ein Schüler den Raum, während parallel ein Mitschüler den Raum an die Tafel malt (im Sinne eines *dictado de dibujo*).
- Alternativ können die Räume erraten werden, indem der erste Schritt der sprachlichen Mittel ausgelassen wird.

TAREA

(1) Elige una habitación.
(2) Describe la habitación a tu compañero.
Di por lo menos ocho frases.
(3) Usa las expresiones siguientes.

MATERIAL/AYUDA ················

HABITACIONES
tu cuarto, el aula, tu cocina, tu baño, una habitación en un hotel, tu salón, otro aula en tu instituto, …

1	Voy a describir mi … *(lugar)*.
2	La habitación está … *(en la primera planta/ en mi casa/ …)*
3	… *(nombre de otra habitación)* está al lado de … *(habitación elegida)*.
4	La habitación es … *(grande, pequeña)* y hay … ventanas.
5	La cosa más grande en la habitación es … *(mesa/ silla/ cama/…)*.
6	La primera cosa que ves cuando entras es … .
7	A la derecha/ a la izquierda hay … .
8	En el fondo/ en primer plano se puede ver … .
9	Hay aparatos eléctricos en la habitación. Por ejemplo … *(ordenador/ lámpara/…)*.
10	La habitación es de color … *(blanco, oscuro, claro, …)*.
11	En las pardes hay … *(pósteres, fotos, …)*.
12	Paso mucho/poco tiempo en la habitación.
13	Normalmente … *(estudio, juego, leo, cocino, …)* en la habitación.

Martin Bastkowski / Lara-Maria Schiller · ¡Hablemos! Kl. 6 –8 · Illustration: Dorina Tessmann

ERLÄUTERUNG

¿Qué llevas puesto? ist eine Aktivität, bei der die Schüler einem Partner die Kleidung zwei selbst gewählter Mitschüler (eines Mädchens und eines Jungen) beschreiben.

Neben dem Wortschatz zur Kleidung erhalten die Schüler als *Scaffolding* zusätzlich sprachliche Vorgaben, die zur Beschreibung der beiden Personen verwendet werden können. Insgesamt müssen sieben Sätze pro Person versprachlicht werden.

TIPPS

- Erklären Sie kurz das Raster (*de cabeza a pies*) und verweisen Sie auf die Kleidungsbegriffe.
- Lassen sie nach Beendigung der Aktivität exemplarisch zwei Beschreibungen im Plenum vorstellen.

VARIATION

- Die Schüler beschreiben ihr Lieblingsoutfit für bestimmte Anlässe (z. B. *deporte, fiesta de cumpleaños, instituto, restaurante, …*).
- Der erste Teil der Beschreibung (*Inicio*) wird ausgelassen. Die Mitschüler erraten jeweils, welche Person beschrieben wurde.

¿Qué llevas puesto? – para alumnos

TAREA

(1) Elige a dos personas de tu clase, un chico y una chica.

(2) Describe qué ropa llevan tus compañeros hoy. ¿De qué colores son? Di por lo menos siete frases sobre cada uno.

(3) Usa las frases siguientes. Empieza de arriba a abajo.

MATERIAL/AYUDA ....

INICIO	• Elegí _____ y _____ (*nombres de tus compañeros*). • Voy a empezar con _____.
PARTE DE ARRIBA	• Lleva un/a … (*sombrero rojo/ una gorra/…*). • No lleva un/a … (*bufanda/ gorra/ …*). • También lleva un/a … (*collar/…*).
PARTE MEDIANA	• Lleva un/a … (*camiseta verde/ …*). Tiene un logo en su camiseta. Pone _____. • También veo un/a … (*chaqueta negra/… *). • Los pantalones son de color … (*amarillo/…*).
PARTE DE ABAJO	• Sus … (*zapatos/ zapatillas de deporte/…*) son … (*grises/ …*). • (*No*) se pueden ver sus calcetines.

el sombrero	la gorra	las gafas	el cinturón	el reloj	el blazer
la camiseta	la camisa de manga larga	la sudadera	el vestido	la blusa	el jersey
la falda	el pantalón	el zapato	la zapatilla de deporte	la bota	la chaqueta

© 2020 Cornelsen Verlag GmbH, Berlin. Alle Rechte vorbehalten. Die Vervielfältigung dieser Seite ist für den eigenen Unterrichtsgebrauch gestattet. Für inhaltliche Veränderungen durch Dritte übernimmt der Verlag keine Verantwortung.

Martin Bastkowski / Lara-Maria Schiller · ¡Hablemos! Kl. 6–8 · Illustration: Dorina Tessmann

ERLÄUTERUNG

Bei der Aktivität *Mi objeto favorito* beschreiben die Schüler in Partnerarbeit gegenseitig ihren Lieblingsgegenstand.

Sowohl inhaltlich als auch sprachlich erhalten die Schüler als Unterstützung dazu passende Redemittel mit verschiedenen Optionen. Um die Sprechproduktion zu erhöhen, wird nicht nur der persönliche Lieblingsgegenstand beschrieben, sondern anschließend auch die vom Partner gegebenen Informationen über dessen Gegenstand wiederholt.

TIPPS

- Geben Sie bei der ersten Anwendung dieser Aktivität ein exemplarisches Beispiel zu Ihrem persönlichen Lieblingsgegenstand
- Zwei bis drei Beschreibungen sollten nach Beendigung dieser Übung im Plenum vorgestellt werden.

VARIATION

- Als Ratespiel können die Mitschüler auch den Gegenstand erraten, wenn dieser im ersten Satz bewusst nicht erwähnt wird.
- *Veo, veo:* Schüler wählen einen Gegenstand aus dem Klassenraum, der erraten werden muss.

TAREA

(1) Piensa en tu objeto favorito (p.e. un juego, tu móvil, un libro, …).

(2) Describe tu objeto preferido a tu compañero.

(3) Usa las expresiones siguientes.

MATERIAL/AYUDA

Mi objeto favorito	Mi objeto favorito es un/a _____.
	Es de color _____.
	Compré el objeto en ____ (*una tienda, un supermercado, …*)/ Lo conseguí de ____ (*mis padres, un amigo, …*)
	Mi objeto preferido es _____ (*pequeño, grande, chiquito, enorme, …*).
	Fue bastante _____ (*barato, caro*).
	Me gusta porque es ____ (*divertido, entretenido, interesante, útil, …*).
	Normalmente uso el objeto cuando _____ (*estoy aburrido/a, voy al instituto, tengo tiempo libre, quedo con amigos,…*).

(4) Ahora repite lo que ha dicho tu compañero sobre su objeto preferido.

Tu objeto favorito	Tu objeto favorito es un/a _____.
	Es de color _____.
	Compraste el objeto en ____ . /Lo conseguiste de ____ .
	Tu objeto preferido es _____ .
	Fue bastante _____ .
	Te gusta porque es ____.
	Normalmente usas el objeto cuando _____ .

Martin Bastkowski / Lara-Maria Schiller · ¡Hablemos! Kl. 6 –8 · Illustration: Dorina Tessmann

ERLÄUTERUNG

Diese Aktivität setzt den Fokus auf das dialogische Sprechen. Die Schüler verwenden hierfür insgesamt 16 Fragen zu verschiedenen Themengebieten. Jeweils im dialogischen Gespräch werden die Fragen vorgelesen und anschließend vom Partner beantwortet. Nach jeder Frage tauscht der Fragesteller, sodass abwechselnd Fragen gestellt und beantwortet werden müssen.

TIPPS

- Je nach Zeitkapazität können die Fragen auf acht eingegrenzt bzw. ein allgemeines Zeitlimit von drei Minuten gegeben werden.
- Einige spannende / interessante Fragen können noch einmal im Plenum gestellt werden. Dies fördert eine positive Lernatmosphäre in der Klasse.

VARIATION

- Anschließend an die Partnerarbeit ist die Vorstellung der gesamten Fragen einer Partnergruppe im Plenum möglich. Alternativ können die Fragen auch nacheinander durch Zuwerfen eines Balls verschiedenen Schülern gestellt werden bzw. die Schüler stellen sich gegenseitig durch Zuwurf des Balls die Fragen.
- Um die Sprachproduktion zu erhöhen, muss jede Frage von beiden Partnern beantwortet werden (*¿Y tú? / ¿Y tú, qué hay de ti?/ ¿Qué te parece?*).
- Im Sinne des bewegten Lernens kann diese Aktivität auch in Form eines
  - *doble círculo* (Schüler stellen sich in zwei Kreisen zueinander auf und beantworten die Fragen) oder
  - *dando vueltas por el aula* (Schüler laufen im Klassenraum umher und befragen wechselnde Partner)

  durchgeführt werden.

Fichas de preguntas – para alumnos

TAREA

(1) Trabaja con un compañero de clase. Tomad turnos para hacer otras preguntas.

(2) Cambiad de pareja.

MATERIAL/AYUDA

¿Dónde naciste?	¿Cuál es tu dirección?	¿Cuántos años tienes?	¿Cómo se llama tu padre?
¿Cuál es tu número de teléfono?	¿Cuál es tu mascota favorita?	¿Cuál es tu plato favorito?	Nombra tres días de la semana.
¿Cuándo te levantas por la mañana?	¿Cuál es tu deporte favorito?	¿Cómo se llama tu mejor amigo/a?	¿Cuál es tu asignatura preferida?
Nombra cinco actividades de tiempo libre que te gustan.	¿Qué hora es?	¿Cuál es tu serie favorita en la tele?	Nombra cinco cosas que están en tu habitación.

Martin Baskowski / Lara-Maria Schiller · ¡Hablemos! Kl. 6 –8 · Illustration: Dorina Tessmann

ERLÄUTERUNG

Mit der Aktivität *Mi familia* wird der Fokus auf ein schülernahes Thema gelenkt. Die Schüler stellen hierbei in Partnerarbeit zwei Mitglieder ihrer Familie vor.

Neben einer Auswahl an verschiedenen Familienmitgliedern liegt den Schülern zusätzlich ein sprachliches Raster zur kommunikativen Umsetzung dieser Übung vor.

TIPPS

- Vor der ersten Durchführung sollte das Raster einmal mit der Lerngruppe besprochen werden.
- Nach Beendigung der Aktivität können mehrere Schüler ihre Familienmitglieder im Plenum vorstellen. Das persönliche Thema fördert die Lernatmosphäre im Unterricht.
- Es ist sehr interessant zu sehen, welche Familienmitglieder von den Schülern gewählt worden sind. Führen Sie daher gerne eine kurze Abfrage im Plenum durch.
- Hinweis: Falls Schüler ohne Familie in der Klasse sind, können auch Freunde oder Bekannte vorgestellt werden (s. Variation).

VARIATION

- Die Schüler können statt eines Familienmitgliedes auch sich selbst oder den besten Freund / die beste Freundin vorstellen.
- Eine Information wird als Lüge dargestellt, die von den Mitschülern als solche erraten werden muss.

TAREA

(1) Elige dos miembros de tu familia y preséntalos. También puedes inventar un familiar.

(2) Usa las expresiones siguientes.

MATERIAL/AYUDA

> Déjame presentarte a mi _____ y a mi _____.

familiares

| madre | padre | abuela | abuelo | hermana | hermano | tía | tío | primo/a |

EDAD/ NOMBRE	• Mi _____ *(familiar)* tiene _____ años. Se llama _____.
DOMICILIO	• Vive en _____ *(lugar)* junto/a con _____ *(otros familiares)*.
ASPECTO FÌSICO	• Tiene el pelo _____ *(rubio/ castaño)*. Es _____ *(alto/ pequeño)*.
TRABAJO	• Mi _____ está trabajando como _____ *(trabajo)*.
LO QUE ME GUSTA	• Me gusta porque es _____ *(divertido/a, amable, simpático, …)*

> ¿Qué pasa con tus familiares? / ¿Qué hay de tus familiares?

Martin Bastkowski/ Lara-Maria Schiller: ¡Hablemos! Kl. 6–8 · Illustration: Dorina Tessmann

ERLÄUTERUNG

Direcciones gehört zu den Standardaufgaben des Spanischunterrichts in den unteren Jahrgängen und ist u. a. zur besseren Orientierung bei Austauschfahrten im Ausland von hoher Bedeutung. Die Schüler wählen in Partnerarbeit jeweils zwei Orte aus, die von einem Startpunkt auf der Karte erreicht werden müssen. Jeder Schüler der einzelnen Partnergruppen muss den Weg zu zwei Orten beschreiben.

Zur erfolgreichen sprachlichen Umsetzung sind die relevanten Redemittel mit zusätzlicher Bildunterstützung für die Schüler aufgelistet.

TIPPS

- Zur Sicherheit sollten bei der erstmaligen Durchführung dieser Aktivität die zentralen Redemittel (s. Tabelle) noch einmal im Plenum wiederholt werden.
- Einige Schüler zeichnen auch gerne weitere eigene Orte direkt in die Karte ein (z. B. *tienda de juguetes* oder *McDonald's*), die für die Beschreibungen verwendet werden. Lassen Sie dies gerne zu.

VARIATION

- Die Schüler können selbstständig den Startpunkt verändern, um eine höhere sprachliche Vielfalt zu generieren.
- Alternativ erklären die Schüler, wie sie selbst nach Hause kommen (z. B. von einer Bushaltestelle aus).

TAREA

(1) Elige <u>dos</u> lugares en el mapa. Tu compañero debe explicarte el camino.

MATERIAL/HELP

Disculpe ¿Me puede decir dónde está ____, por favor?

¡Claro! Primero tienes que ____. Después ____.

oficina de correos

super-mercado

Calle Iglesia

banco

iglesia

Calle Cervantes

colegio

Estás aquí

Calle Principal

librería

parada de autobús

teatro

tienda

café

Calle Susana

museo

restaurante

girar a la derecha	→	girar a la izquierda	←
seguir todo recto	↑	ir a	x → x
pasar por delante de	→ x	al lado de	■ □
enfrente de	■ □	entre	□ ■ □

Martin Bastkowski / Lara-Maria Schiller ¡Hablemos! Kl. 6 – 8 · Illustration: Dorina Tessmann